Pompeius als consul sine collega. Die Annäherung des Gnaeus Pompeius Magnus an den Senat

Anna Ernst

Bibliografische Information der Deutschen Nationalbibliothek:

Die Deutsche Nationalbibliothek verzeichnet diese Publikation in der Deutschen Nationalbibliografie; detaillierte bibliografische Daten sind im Internet über http://dnb.d-nb.de abrufbar.

ISBN: 9783389021668
Dieses Buch ist auch als E-Book erhältlich.

© GRIN Publishing GmbH
Trappentreustraße 1
80339 München

Druck und Bindung: Books on Demand GmbH, Norderstedt Germany
Gedruckt auf säurefreiem Papier aus verantwortungsvollen Quellen

Das vorliegende Werk wurde sorgfältig erarbeitet. Dennoch übernehmen Autoren und Verlag für die Richtigkeit von Angaben, Hinweisen, Links und Ratschlägen sowie eventuelle Druckfehler keine Haftung.

Das Buch bei GRIN: https://www.grin.com/document/1472948

Christian-Albrechts-Universität zu Kiel

Philosophische Fakultät

Institut für Klassische Altertumskunde

Proseminar: Gaius Iulius Caesar

Wintersemester 2023/24

Consul sine collega

Die Annäherung des Gnaeus Pompeius Magnus an den Senat

Anna Louisa Ernst

Geschichte - Profil Lehramt an Gymnasien

1. Fachsemester

Inhaltsverzeichnis

1. Einleitung

Das kollegiale Konsulat galt als das höchste politische und militärische Amt der Magistratur der Verfassung der Römischen Republik. Gnaeus Pompeius Magnus ernannte man im Jahre 52 v. Chr. zum *consul sine collega* und das erstmals ohne einen im Amtsjahr verstorbenen Kollegen. Ihm wurden somit diktatorische Vollmachten anvertraut. Pompeius galt als einer der herausragendsten militärischen Feldherren seiner Zeit. Über seine Tätigkeiten als Politiker gibt es allerdings gespaltene Meinungen. Die folgende Arbeit beleuchtet die politischen Tätigkeiten des Pompeius und die damit verbundene Annäherung an den Senat und ermittelt die Gründe für die Ernennung des Pompeius zum alleinigen Konsul durch den Senat. Dafür werden zunächst der Aufbau und die Funktionen wichtiger Ämter der *res publica* erläutert. Außerdem werden die politischen Geschehnisse bis hin zur Ernennung des *consul sine collega* skizziert und die Gründe für diese herausgearbeitet.

Für das Verständnis der zeitlichen Einordnung muss vorerst die Ausgangslage erläutert werden. Durch die Erneuerung des Triumvirats im Jahre 56 v. Chr. bestand dieses Bündnis zwischen Gaius Julius Caesar, Marcus Licinius Crassus und Pompeius weiterhin. In dem Jahr 55 v. Chr. bekleidete Pompeius zusammen mit M. Crassus sein zweites Amt als Konsul, durch welches man Pompeius die spanischen Provinzen zuschrieb. Pompeius ließ letztere durch Legaten verwalten und blieb somit stets in der Nähe des Machtzentrums Rom, während sich Caesar in Gallien aufhielt. Es ist davon auszugehen, dass die Annäherung des Pompeius an den Senat für Caesar sehr beunruhigend gewesen war, weshalb die Entfremdung zwischen Pompeius und Caesar für die Untersuchung der Fragestellung ebenfalls relevant sein wird. Somit bieten sich als Untersuchungszeitraum die Jahre 54 - 52 v. Chr. an.

Als Hauptquellen werden Plutarchs Paralellbiographie des Pompeius[1], sowie Ciceros Rede für T. Annius Milo[2] und Caesars Werke „*De bello Gallico*"[3] und „*De bello civili*"[4] herangezogen, welche den politischen Werdegang des Pompeius in dem gefragten Zeitraum beschreiben und sein alleiniges Konsulat sowie dessen Folgen behandeln. Die Biographie des Pom-

---

[1] Plut. Pomp.

[2] Cic. Mil.

[3] Caes. Gall.

[4] Caes. civ.

peius[5] und die Biographie des Caesar[6] von Matthias Gelzer sowie das Werk „Caesar und Pompeius"[7] von Ernst Baltrusch gelten hierbei als untersuchende Grundlagen für diese Arbeit.

2. Die *res publica* zur Zeit des Pompeius

Die Verfassungsform der Römischen Republik vereinte verschiedene Staatsformen in sich. Sie wies aristokratische, demokratische sowie monarchische Elemente auf: den Senat, die Volksversammlungen und die Magistratur, welche sich gegenseitig stützten, kontrollierten und in Abhängigkeit voneinander standen. Der im Mittelpunkt der Ordnung stehende Senat schloss in sich polarisierte Gruppen ein: die demokratischer interessierten *populares* und die konservativeren *optimates*. Diese „verkörper[te]n vielmehr verschiedene Richtungen innerhalb der einflußreichen Personen der Nobilität"[8]. Es war zu der Zeit bereits normalisiert worden, dass jene Politiker sich wiederholt in frivolen Spielchen, Wahlmanipulationen und gewalttätigen Straßenbanden wiederfanden, um sich politische Macht oder ein Magistrat zu sichern. Ebenso „war der Einfluss und die Mitwirkung des Volkes in der Politik jetzt so groß wie nie"[9]. Das höchste Magistrat, das Konsulat, bildete die Spitze der republikanischen Ämterhierarchie.[10] Dieser leitete Militäreinsätze, Volksversammlungen und Verhandlungen mit dem Senat. Die beiden Amtsträger konnten nach dem Annuitätsprinzip nur ein Jahr amtieren, wurden durch das Prinzip der Kollegialität kontrolliert und waren dennoch „während ihres Amtes rechtlich kaum eingeschränkt"[11]. Es lag allerdings laut Matthias Gelzer „im Wesen der Oligarchie die Entfaltung kraftvoller Einzelpersönlichkeit [...] zu hemmen"[12].

Der Senat genoss hohes gesellschaftliches Ansehen. Ihn auf seiner Seite zu haben, musste somit, besonders für einen Konsul, von Vorteil gewesen sein. Die Verfassung der Römischen

---

[5] Gelzer 1949.

[6] Gelzer 1960.

[7] Baltrusch 2004.

[8] Bleicken 2004, S. 203.

[9] Baltrusch 2004, S. 75.

[10] Vgl. Bringmann 2003, S. 227.

[11] Bleicken 1995, S. 105.

[12] Gelzer 1960, S. 5.

Republik sah keinen Diktator vor. Der Senat konnte trotzdem, in den Staat bedrohenden Situationen, den Staatsnotstand ausrufen durch das *senatus consultum ultimum*. Das Amt des Diktators galt somit als ein Ausnahmeamt, welches nicht länger als sechs Monate bestehen durfte, da eine längere diktatorische Herrschaftsgewalt eine Gefahr für die Republik sein könnte. Ein solcher zeitbeschränkter Diktator wurde „vom Konsul auf Rat des Senates hin ernannt"[13]. Er stand also stets in Verbindung mit einem staatlichen Notzustand und erhielt die absolute Staatsgewalt, während sich die Macht eines Konsuls durch seinen Kollegen halbierte. Denn letzterer hatte immer das Recht, ein Veto einzulegen und ihm seine Vorhaben zu verbieten.[14] Starb allerdings ein Konsul während der Amtszeit, ernannte man keinen neuen. Der lebende Konsul bekleidete bis Amtsende allein das Konsulat, wie ein *consul sine collega*.

3. Pompeius in den Jahren 54 bis 52 v. Chr.

3.1 Die Annäherung des Pompeius an den Senat

Nach seinem zweiten Konsulat im Jahre 55 v. Chr. blieb Pompeius als Prokonsul seiner spanischen Provinzen weiterhin in der Nähe der Hauptstadt Rom und ließ Hispanien durch Legaten verwalten.[15] Caesar hielt sich währenddessen in Gallien auf, da seine Verwaltung Galliens um fünf Jahre verlängert wurde und ihm eine Bewerbung um das Konsulat in Abwesenheit zugesagt wurde.[16] Pompeius konnte somit, anders als Caesar, in der Nähe des politischen Zentrums sein und dort als engagierter Politiker auftreten. Noch galten die zwei Politiker durch ihr Triumvirat und dem Ehebündnis zwischen Pompeius und der Tochter Caesars im Jahre 59 v. Chr. als politisch und verwandtschaftlich verbündet. Im September des Jahres 54 v. Chr. starb die Tochter Caesars und die geliebte Ehefrau des Pompeius im Kindbett. Durch jenen Vorfall zerriss die verwandtschaftliche Bindung, welche durch ihren Bruch der Entfremdung von Caesar förderlich war. Nach Plutarch war diese geknüpfte Verwandtschaft nur ausgenutzt worden und alles andere als freundschaftlich und verdeckte die Herrschsucht der beiden Politiker.[17] Auch die außerordentlichen militärischen Erfolge Caesars in Gallien muss-

---

[13] Baltrusch 2004, S. 13.

[14] Vgl. Bleicken 1995, S. 102.

[15] Vgl. Girardet 2007, S. 51.

[16] Vgl. Caes. Gall. VIII, 50.

[17] Vgl. Plut. Pomp. 53.

ten bedrohend und einschüchternd gewirkt haben. Ebenso löste sich ein Jahr darauf das Triumvirat, das letzte offizielle politische Bündnis der beiden Politiker, auf. Im Juni 53 v. Chr. verstarb nämlich der dritte Triumvir Crassus.[18] Heuß schreibt, dass Crassus im Dreibund eher als eine Stütze Caesars galt als des Pompeius.[19] Laut Blösel verschob sich also durch den Tod des Crassus der Machtschwerpunkt deutlich zugunsten Pompeius'.[20]

Zur Erhaltung einer verwandtschaftlichen Bindung bot Caesar seinem ehemaligen Schwiegersohn Octavia, seine Großnichte, als Ehefrau an und bewarb sich um Pompeia, die Tochter des Pompeius.[21] Letzterer lehnte diese Angebote allerdings ab. Dies war eine erste aktive Entscheidung auf Seiten des Pompeius gegen Caesar und ersterer entschied sich dadurch noch deutlicher für die Optimatenoligarchie, denn am Anfang des Jahres 52 v. Chr. nahm Pompeius die Tochter eines Optimaten zur Frau. Er heiratete Cornelia, die Tochter des Caesargegners Metellus Scipio.[22] Während sich Pompeius von Caesar weiter entfernte, näherte er sich immer mehr dem von Optimaten dominierten Senat an. Die Annäherung initiierte er allerdings nicht allein, denn das Interesse bestand beidseitig. Einige Optimaten verfolgten das Ziel Pompeius von Caesar zu lösen und deren gemeinsamen politischen Einfluss zu schwächen. Dies geschah bereits ein paar Jahre früher, als der Volkstribun Quintus Terentius Culleo dem Pompeius riet, sich von Julia scheiden zu lassen.[23] Sie versuchten Pompeius für den Senat zu gewinnen: „Ein erster Erfolg war ihnen beschieden, als sich Pompeius für Ciceros Rückkehr aus der Verbannung einsetzte und sich damit erstmalig von Caesar distanzierte."[24] Ebenso wurde Pompeius mit der Hilfe Ciceros die Getreideversorgung anvertraut und er ging auch in den letzten Monaten des Jahres 54 v. Chr. dieser nach.[25] Dadurch gewann er immer mehr an Relevanz für die Politik in Rom. Gelzer beschreibt Pompeius folgendermaßen: „So war er ein großer militärischer und politischer Organisator. Diese Begabung bewährte er wie-

---

[18] Vgl. Gelzer 1960, S. 136.

[19] Vgl. Heuß 2016, S. 249.

[20] Vgl. Blösel 2015, S. 232.

[21] Vgl. Suet. Iul. I, 27, 1.

[22] Vgl. Plut. Pomp. 55.

[23] Vgl. Baltrusch 2004, S. 76.

[24] Baltrusch 2004, S. 76.

[25] Vgl. Gelzer 1960, S. 133.

derum in der Getreideversorgung[…]".[26] Während Caesars Statthalterschaft in Gallien begann außerdem die staatliche Ordnung in Rom zu bröckeln. „Die alten Regierungsmechanismen hörten allmählich zu funktionieren auf"[27]. Es fehlte eindeutig eine durchgreifende Kraft oder Regierung mit genügender Handlungsfreiheit, um eine Ordnung wiederherzustellen. In Rom herrschte laut Jehne ein solches Chaos, „daß man sogar dort einer angeblich bevorstehenden Diktatur des Pompeius keineswegs nur negativ gegenüberstand"[28]. Ebenso schreibt Christ, dass Pompeius zur Zeit Caesars in Gallien zur wichtigsten Persönlichkeit des politischen Lebens in Rom wurde.[29] „Als er jedoch sah, daß die Ämter nicht nach seinen Wünschen vergeben wurden, weil die Bürger bestochen wurden, ließ er es geschehen, daß in der Stadt Anarchie einriß"[30] schreibt Plutarch über Pompeius, welcher eindeutig auf ein sondergestelltes Amt hoffte und darauf hinarbeitete. Diese Herrschaftslosigkeit und fehlende polizeiliche Sicherheit in Rom hatte nun weitere schwere Folgen für die Politik. Im Jahre 53 v. Chr. verhinderte dieses Chaos, dass ein *interrex* ordnungsmäßige Wahlen der Konsuln für das Folgejahr durchführen konnte. Im Juli 53 v. Chr. übertrug der Senat Pompeius endlich „die Vollmacht zur Aufrechterhaltung der Ordnung"[31]. Caesar selbst beschreibt, dass Pompeius durch sein entschiedenes Auftreten die Lage in Rom stabilisieren konnte.[32] Der Volkstribun Lucilius sprach als erstes offen darüber, Pompeius zum Diktator wählen zu wollen.[33] Aus Angst vor einer Wiederholung der grausamen Diktatur Sullas einige Jahrzehnte zuvor, waren viele Senatoren davor abgeschreckt, Pompeius zum Diktator zu ernennen. Einer ähnlichen Meinung war Marcus Porcius Cato: „Cato setzte den Diktaturplänen den härtesten Widerstand entgegen."[34] Der Zeitzeuge Cicero postulierte Pompeius strebe nach einer Art Ausnahmegewalt für sich, allerdings ohne dies öffentlich zuzugeben und sorgte dafür, dass der Staat

---

[26] Gelzer 1949, S. 262.

[27] Bleicken 2004, S. 83.

[28] Jehne 2014, S. 65.

[29] Vgl. Christ 1979, S. 305.

[30] Plut. Pomp. 54.

[31] Gelzer 1960, S. 134.

[32] Vgl. Caes. Gall. VII, 6.

[33] Vgl. Plut. Pomp. 54.

[34] Gelzer 1949, S. 181.

bis zum Juli ohne ordentliche Beamte dastand.[35] Blösel bestätigt diesen Verdacht und schreibt, Pompeius bereitete durch die Anarchie eine Diktatur für sich vor.[36] Pompeius gab dennoch vor, er wolle keine Diktatur, woraufhin Cato seine Meinung über Pompeius änderte und sich aufgrund seiner Bescheidenheit für ihn überzeugend einsetzte.[37] Die Annäherung des Pompeius an den Senat wurde immer greifbarer und deutlicher. Gelzer schreibt Pompeius habe nur noch zugreifen müssen, um eine Diktatur an sich zu ziehen.[38]

3.2 *consul sine collega*

Am 1. Januar des Jahres 52 v. Chr. war Rom aufgrund von Gewalt und Bestechung erneut regierungslos und ohne einen *interrex* konnten keine Wahlen abgehalten werden. Plutarch verglich die im Staat herrschende Anarchie mit einem Schiff ohne Steuermann.[39] „Viele wagten es […] auszusprechen, daß einzig durch die Monarchie der kranke Staat gesunden könne und daß ein Arzt, der größte Schonung walten lasse, diesen Heiltrank reichen müsse".[40] Eindeutig ist hier Pompeius als gewünschter Heiltrank beziehungsweise Monarch gemeint, da er bereits mehrfach seine organisatorischen Fähigkeiten unter Beweis stellte. Wichtig hierbei ist, dass der Begriff Monarchie ausgesprochen wurde und nicht der Begriff der Diktatur, da durch die Schreckenherrschaft Sullas eine Diktatur weniger gewünscht wurde. Dieses Zitat Plutarchs impliziert die gewünschte Kontrolle und Sicherheit, die eine Monarchie in diesem Fall für das Volk und die Politik Roms bedeutete. „Der Ruf nach dem starken Arm, der Ordnung schüfe, erschallte".[41]

Die Situation verschärfte sich, als sich schließlich Publius Clodius Pulcher um die Prätur und Titus Annius Milo um das Konsulat im Jahr 52 v. Chr. bewarben.[42] Es kam zu Bandenkriegen zwischen den popularen Schlägertrupps des Clodius und den optimatischen Banden Milos,

---

[35] Fuhrmann 1993, S. 708.

[36] Vgl. Blösel 2015, S. 232.

[37] Vgl. Gelzer 1949, S. 181.

[38] Vgl. Gelzer 1960, S. 134.

[39] Vgl. Plut. Caes. 28.

[40] Plut. Caes. 28.

[41] Heuß 2016, S. 247.

[42] Vgl. Christ 1979, S. 352.

welche dadurch enormen Druck auf die Stadt Rom ausübten. Diese Banden trafen am 18. Januar 52 v. Chr. auf der Via Appia bei Bovillae aufeinander und versuchten ihre Probleme mit Gewalt zu lösen, bis Milo den bereits verletzten Clodius töten ließ.[43] Ebenso wurde das Senatsgebäude in Brand gesteckt. Etwas später gab es einen Prozess zur Verurteilung Milos und da Pompeius als Freund Milos und Gegner des Clodius galt und hiermit die Haltung des Senats teilte, zeigte er seine Unterstützung des Senats dort mit starker militärischer Präsenz.

Zunächst erklärte der Senat das *senatus consultum ultimum* und ermächtigte dadurch den Pompeius dazu mit seinen Truppen eine militärisch gesicherte Ordnungspolitik einzuleiten.[44] Durch diese Ermächtigung war Pompeius vom Senat nach Jehne „in ein besonderes Vertrauensverhältnis gerückt worden"[45]. Allerdings fürchteten die Senatoren, Pompeius könnte ähnlich wie Sulla gewaltsam das Amt eines Diktators erlangen. Pompeius verhandelte nun mit der von Cato geführten Senatspartei bezüglich eines der Situation gewachsenen Notstandamtes.[46] So entschied der Senat im Vorfeld, Pompeius mit einem eingeschränkteren Amt auszuschmücken, welches ihm aber genügend Freiheit ließ, eine Ordnung wiederherzustellen. Denn „inzwischen herrschte wegen der Ermordung des Publius Clodius im Gemeinwesen Unruhe; daher hatte der Senat beschlossen, es solle lediglich ein einziger Konsul, und zwar namentlich Pompeius, gewählt werden"[47]. Als erster im Senat sprach sich der Optimat Marcus Calpurnius Bibulus, welcher sonst kein Freund des Pompeius war, für die Wahl des Pompeius zum alleinigen Konsul aus, da so das Chaos der Stadt gelöst werden konnte.[48] Außerdem beschrieb Bibulus Pompeius laut Plutarch als besten Mann.[49] So stellte Cato den Antrag, Pompeius zum *consul sine collega* zu ernennen, mit der Begründung eine gesetzlich eingeschränkte Alleinherrschaft sei vorteilhafter als eine mit Hilfe von Gewalt erlangte Diktatur und kein anderer könne als Herrscher die alte Ordnung besser wiederherstellen als

---

[43] Vgl. Blösel 2015, S. 232.

[44] Vgl. Girardet 2007, S. 52.

[45] Jehne 2014, S. 66.

[46] Fuhrmann 1993, S. 709.

[47] Suet. Iul. I, 26, 1.

[48] Plut. Pomp. 54.

[49] Plut. Pomp. 54.

Pompeius.[50] „Das seit Sulla anstößige Wort „Diktatur" vermied man indessen."[51] Pompeius versuchte sich bei Cato für dessen Einsatz zu bedanken, doch der erwiderte, dass er Pompeius nur zum Schutze des Staates unterstützt hatte.[52] Der Senat tolerierte praktisch das alleinige Konsulat des Pompeius für eine begrenzte Zeit als Vorsichtsmaßnahme und konnte dadurch eine Machtübernahme Caesars vermeiden. So ließ sich Pompeius am 25. Februar 52 v. Chr. zum *consul sine collega* wählen.[53] Nach Fuhrmann ist das alleinige Konsulat des Pompeius „eine nur notdürftig verschleierte Diktatur"[54]. Pompeius genoss die gleichen Befugnisse, wie die eines Diktators.

Im August 52 v. Chr. ließ Pompeius dann seinen Schwiegervater, einen überzeugten Optimaten, Q. Caecilius Metellus Pius Scipio Nasica zum zweiten Konsul, zu seinem Kollegen, wählen.[55]

Nach Heuß benötigte der Senat, trotz anteiligem Misstrauen ihm gegenüber, den großartigen Feldherren Pompeius, um Caesar unter Kontrolle zu halten und im Notfall ihm militärisch gewachsen zu sein.[56] Der Senat sicherte sich durch Pompeius einen militärisch würdigen Gegner Caesars. Ersterer bewahrte ebenso das Wohl des Staates und der Politik in Rom. Für Pompeius stellte es eine neue Annäherung an den Senat sowie eine neue Machtstellung dar.

Mit der Ernennung zum *consul sine collega* bekleidete Pompeius zum dritten Mal das Amt des Konsuls und damit ein weiteres Mal die höchste Magistratur des Staates mit zusätzlichen diktatorischen Befugnissen. Endlich hatte der Senat dem Pompeius seine gewünschte Machtposition überlassen und ihn zu einem *primus inter pares*, zum Beschützer der Republik, gemacht.[57] Cicero sprach sich in seiner Rede für Milo sehr für Pompeius aus, lobte diesen und sagte, von ihm hänge das Wohl des Staates ab.[58]

---

[50] Plut. Pomp. 54.

[51] Heuß 2016, S. 247.

[52] Plut. Pomp. 54.

[53] Vgl. Gelzer 1949, S. 187.

[54] Fuhrmann 1993, S. 709.

[55] Vgl. Girardet 2007, S. 53.

[56] Vgl. Heuß 2016, S. 248.

[57] Vgl. Blösel 2015, S. 233.

[58] Cic. Mil. 20.

4. Fazit

Der Prozess der Annäherung des Pompeius an den Senat ging einher mit der Entfremdung zwischen Pompeius und Caesar. Pompeius kam allerdings ausschließlich der konservativeren Senatspartei näher und galt somit in den Jahren 54 bis 52 v. Chr. als senatstreuer Optimat. Viele Ereignisse trugen zur Zusammenarbeit des Pompeius mit dem Senat bei: Die Entfremdung zwischen Caesar und Pompeius durch den Tod Julias, außerdem durch den Tod des Crassus und die Auflösung des Triumvirats, die erfolgreiche Getreideversorgung durch Pompeius und persönliche Beziehungen im Kreise der optimatischen Senatspartei durch die Heirat mit Cornelia. Ebenso setzte sich Pompeius für die Rückkehr Ciceros ein und stellte immer wieder seine organisatorischen und militärischen Fähigkeiten und seinen politischen Einfluss in Rom unter Beweis.

Durch den politischen Druck, den Pompeius und Caesar aufgrund ihrer Entfremdung und Machtverschiebung auf den Staat ausübten, geriet die staatliche Ordnung ins Schwanken. Straßenkämpfe, Schlägertrupps, politische Machtspielchen und Manipulationen führten zur Unordnung in Rom. Die Magistratur konnte durch fehlende Zwischenkönige und Wahlen nicht besetzt werden und der Staat stand ohne Regierung da, bis der Senat den Pompeius mit der Vollmacht zur Wiederherstellung der Ordnung und schließlich dem *consul sine collega* ausstattete. Dieses Amt ohne Kollegen verlieh ihm Autonomie und ermöglichte es ihm freier und unabhängiger zu handeln. Es handelte sich um das höchste Magistrat der Römischen Republik und das ohne Kollegialität. Pompeius war der erste ohne einen Kollegen ernannte Konsul und dadurch der vorderste Mann in der *res publica*.

Obwohl sich manche Quellen bezüglich der Annäherung des Pompeius und der Optimatenpartei des Senats mit ihrer Chronologie und ihren Beschreibungen decken, weisen die Verfasser unterschiedliche Meinungen über Pompeius und seine politischen Fähigkeiten auf. Caesar schreibt subjektiv über Pompeius als sein Konkurrent, während Plutarch offensichtlich objektiver auf die Geschehnisse blickt. Cicero, welcher als angesehener und berühmter Redner unter den Optimaten Einfluss hatte, lobte Pompeius stets und beschrieb ihn als einen hervorragend tapferen Mann mit unglaublicher Umsicht für den Staat und dessen Wohlergehen.[59]

Nach den vorherigen Untersuchungen zu urteilen, ernannte der Senat Pompeius zum alleinigen Konsul, um ihn kontrollieren zu können gegen den bedrohend wirkenden Caesar, welcher

---

[59] Cic. Mil. 65.

nun am Ende dieser Entfremdung und der Annäherung des Pompeius an den Senat „als Gegenpol isoliert war"[60]. Außerdem schien Pompeius der Liberalere, zumindest der weniger Entschlossene und Lenkbarere zu sein. Ihm schlossen sich auch diejenigen Aristokraten an, die noch an eine Wiederaufrichtung der *res publica* glaubten.[61] Für den Senat stellte Pompeius und ein alleiniges Konsulat als solches schlicht das geringere Übel dar. Es war eine Möglichkeit gegen Caesar militärisch gut aufgestellt zu sein, „solchen Wagemut und Eifer bewies er"[62]. Wie sich allerdings die anbahnende Auseinandersetzung mit Caesar und die Zusammenarbeit des Senats mit Pompeius entwickelte, zeigte sich mit dem Ausbruch und Verlauf des Bürgerkrieges ein paar Jahre später.

---

[60] Christ 1979, S. 353.

[61] Vgl. Bleicken 2004, S. 84.

[62] Plut. Pomp. 50.

Quellenverzeichnis

Caesar, Gaius Julius: De bello civili, übers. und hrsg. von Otto Schönberger, Düsseldorf/Zürich 1999.

Caesar, Gaius Julius: De bello Gallico, übers. und hrsg. von Otto Schönberger, Berlin 2013.

Cicero, Marcus Tullius: Pro T. Annio Milone, übers. und hrsg. von Manfred Fuhrmann, München 1993.

Plutarchus: Agesilaos und Pompeius, übers. und hrsg. von Konrat Ziegler, München 1980.

Plutarchus: Alexander und Caesar, übers. und hsrg. von Konrat Ziegler, München 1980.

Tranquillus, Gaius Suetonius: Caesar, übers. und hsrg. von Dietmar Schmitz, Stuttgart 1999.

Literaturverzeichnis

Baltrusch, Ernst: Caesar und Pompeius, Darmstadt [3]2004.

Bleicken, Jochen: Die Verfassung der Römischen Republik. Grundlagen und Entwicklung, Paderborn [7]1995.

Bleicken, Jochen: Geschichte der Römischen Republik. München [6]2004.

Blösel, Wolfgang: Die Römische Republik. Forum und Expansion, München 2015.

Bringmann, Klaus: Krise und Ende der römischen Republik (133 - 42 v. Chr.), Berlin 2003.

Christ, Karl: Krise und Untergang der Römischen Republik, Darmstadt 1979.

Fuhrmann, Manfred: Die politischen Reden. Rede für T. Annius Milo, München 1993.

Gelzer, Matthias: Caesar. Der Politiker und Staatsmann, Wiesbaden [6]1960.

Gelzer, Matthias: Pompeius. München 1949.

Girardet, Klaus M.: Rom auf dem Weg von der Republik zum Prinzipat, Bonn 2007.

Heuß, Alfred: Römische Geschichte, Paderborn 2016.

Jehne, Martin: Caesar. München [5]2014.